Cuentos cortos

Volume 1

Cuentos Cortos

Volume 1

Flash Fiction in Spanish for Novice and Intermediate Levels

Bill VanPatten

Cover design by Adam Gammons

ISBN 978-1726331999

Printed in the United States.

INPUT AND MORE

To all students
who want to learn Spanish

Preface

Cuentos cortos is a new, exciting step in fiction written for learners of Spanish: flash fiction. Flash fiction involves stories that typically are under 1000 words but here at **Input and More** we have aimed for even shorter stories: under 500 words! As the saying goes, sometimes less is more—and what classroom learners and teachers get are easy-to-use, drop-in stories for any day of the week.

Cuentos cortos are easy to use.

- Select the story you want to use in class based on how well you think your students can handle that story given what they currently know and can do.
- Review **Vocabulario útil** with your students. These are not words the students need to "know" when they have finished reading; they are simply key words that will help them understand more of the story.
- Read the story in segments. Have students read the first segment and then pause to review the embedded **Preguntas**. Read the next segment and then pause again to review the next embedded **Preguntas**.
- Read the third and final segment and then have students do the **Un párrafo** activity as an overall comprehension check. (Answers can be found at the back of the book.)
- Next try out the task that follows. (Instructor notes for tasks are provided online at www.inputandmore.com.)
- Optional: have students jot down ideas in Spanish they remember from the theme of the story and/or task in the space provided under **Mis propias ideas**. These can be isolated sentences, phrases or short essays depending on level and what you think your students can do. The idea is to consolidate information and ideas they have learned.

Note that the tasks are designed to be used by novice- and intermediate-level learners. Although learners "interact" during the tasks, they do not create with language on their own. Instead, everything they need is on the page. (Consult the online instructor notes at www.inputandmore.com for how to engage more advanced learners and for additional follow-up ideas.) Of course, teachers are invited to substitute any of their own activities once the story has been read.

Cuentos cortos is a great way to keep providing much needed communicatively embedded input in your classrooms. Providing interesting stories with themes that resonate with learners is part of maximizing the language acquisition experience. We know that learners and teachers will enjoy these stories. Be on the lookout for other stories from **Input and More**.

- *Cuentos cortos*: Volume 2
- *Cuentos cortos*: Volume 3 (for intermediate and advanced-low learners)
- Bridge literature: a series of longer stories (broken up into short, manageable segments) intended for intermediate through advanced learners. "Ángel", "Elena" and "Daniel"

Please visit www.inputandmore.com for additional information.

The Input and More Team

Cuentos cortos

Volume 1

CONTENIDO

No hay libro tan malo que no tenga algo bueno.
—*Miguel de Cervantes*

Escribe lo que nunca debería ser olvidado.
—Isabel *Isabel Allende*

PRIMER CUENTO

EL SECRETO

¿Tienes un secreto que no quieres revelar?

Vocabulario clave

camisa	*shirt*
corbata	*tie*
traje	*suit*
relación estrecha	*tight (close) relationship*
nos parecemos	*we look alike*

Me llamo Tomás. Tomás Rodríguez. Soy latino, de ascendencia mexicana, y tengo 19 años. Vivo en Sacramento, California. Sacramento es la capital de mi estado. Pero eso no es importante para mi historia.

Soy estudiante en la Universidad de California en Davis. Estudio negocios. Pero quiero cambiar mi campo a algo diferente. No me gustan los negocios y no quiero trabajar donde tengo que vestir corbata, camisa blanca y traje todos los días. Pero eso tampoco es importante para mi historia.

Preguntas

¿Qué sabes de Tomás hasta este punto en el cuento? Di dos o tres cosas que sabes de él.

Entonces, ¿cuál es mi historia? Tengo un secreto. Tengo un secreto que nadie sabe. No lo saben mis padres. No lo sabe mi hermano, Carlos. Carlos tiene 18 años y va a la CSU Sacramento. Tenemos una relación muy estrecha porque solo un año nos separa y somos los únicos hijos en la familia. También nos parecemos mucho. Muchas personas creen que somos gemelos pero no.

¿Y mis amigos? No tengo muchos. En la universidad no hablo mucho con otras personas. Solo con Ricky. Ricky y yo tenemos la misma clase de estadística. Es buen chico, muy estudioso. A veces comemos juntos y estudiamos juntos para los exámenes. Pero Ricky no sabe mi secreto.

Nadie sabe mi secreto.

Preguntas

¿Quién es Carlos? ¿Cuál es la relación entre él y Tomás? ¿Y quién es Ricky?

No sé qué voy a hacer. Necesito hablar con alguien pero tengo miedo. ¿Por qué? Buena pregunta. Creo que tengo miedo de la reacción de otras personas.

De veras, no sé qué voy a hacer. Posiblemente escribo aquí mi secreto. Esta página es un espacio privado, ¿no? Pero, ¿qué pasa si alguien lee lo que escribo? ¿Qué pasa si alguien abre mi laptop y ve mi secreto? No. No lo voy a escribir. No voy a revelar mi secreto aquí. Tengo miedo.

Es mejor esperar. . .

 ## ACTIVIDAD Un párrafo

Con otra persona, pon las siguientes oraciones en un orden lógico para formar un párrafo coherente.

- ¿Qué va a hacer Tomás?
- Es evidente que tiene miedo y probablemente va a esperar.
- Pero no lo quiere revelar.
- Sus padres no saben su secreto.
- Tampoco lo saben su hermano y su amigo.
- Tomas tiene un secreto.

Ahora. . .

Sigue las instrucciones del profesor/de la profesora.

ACTIVIDAD El secreto

Paso 1 Indica dónde estás en la escala para cada oración a continuación.

		¡Sí!	Sí…	No…	¡No!	No quiero decir
1.	Tengo secretos que no quiero revelar.	❑	❑	❑	❑	❑
2.	Creo que (en general) las personas guardan bien los secretos.	❑	❑	❑	❑	❑
3.	Creo que las personas son chismosas (por naturaleza).	❑	❑	❑	❑	❑
4.	Yo puedo guardar bien los secretos.	❑	❑	❑	❑	❑
5.	Yo soy chismoso/a (por naturaleza).	❑	❑	❑	❑	❑
6.	Quiero saber el secreto de Tomás.	❑	❑	❑	❑	❑

Paso 2 Entrevista a otra persona en la clase sobre las ideas del Paso 1. Anota sus repuestas en la tabla a continuación.

		¡Sí!	Sí…	No…	¡No!	No quiero decir
1.	¿Tienes secretos que no quieres revelar?	❑	❑	❑	❑	❑
2.	¿Crees que (en general) las personas guardan bien los secretos?	❑	❑	❑	❑	❑
3.	¿Crees que las personas son chismosas (por naturaleza)?	❑	❑	❑	❑	❑
4.	¿Puedes tú guardar bien los secretos?	❑	❑	❑	❑	❑
5.	¿Eres chismoso/a (por naturaleza)?	❑	❑	❑	❑	❑
6.	¿Quieres saber el secreto de Tomás?	❑	❑	❑	❑	❑

Paso 3 Sigue las instrucciones del profesor/de la profesora.

Ideas finales

"A quien dices el secreto, das tu libertad".
Refrán español

"Dos pueden guardar un secreto, si uno está muerto".
Benjamin Franklin

"Todo el mundo tiene secretos. La única cuestión es encontrar dónde están".

Stieg Larsson

MIS PROPIAS IDEAS

Escribe aquí tus ideas sobre el tema de hoy.

_____

_____

_____

_____

_____

_____

_____

_____

_____

_____

_____

_____

_____

_____

_____

_____

_____

_____

_____

_____

_____

_____

_____

Segundo cuento

Quiero ser caracol

¿Quién tiene la mejor vida?

Vocabulario clave

baboso	*slug*
caracol	*snail, also the 'shell' of a snail*
hoja	*leaf*
puerco	*pig*
rana	*frog*
sapo	*toad*

Hola. Soy Bobbi el baboso. No me gusta ser baboso. Bueno, la vida no es muy mala para los babosos. Es una vida bonita. Tomamos sol. Comemos vegetales. Bueno, comemos las hojas de ciertas plantas. No son vegetales siempre. Por ejemplo no comemeos brocolí. No comemos zanahorias. No comemos frijoles. Sí, comemos espinacas a veces. Sí, comemos las hojas de muchas flores. Como todos, tenemos nuestro gusto.

Lo bueno es que no trabajamos. Solo comemos. Y tomamos sol. Y hacemos más babosos. Es una vida bonita. Pero no me gusta.

Preguntas

¿Quién es Bobbi? ¿Qué hacen los babosos? ¿Qué no le gusta a Bobbi?

¿Por qué no me gusta?

No me gusta porque no tengo caracol. Quiero un caracol. Quiero ser caracol. Los caracoles tienen más prestigio que nosotros. Piénsalo bien. Si vas a un restaurante francés, ¿ves baboso en el menú? ¡No! Pero sí ves caracol. Caracol con mantequilla, ajo y perejil. O caracol con salsa de tomate. Los caracoles tienen mucho más valor que los babosos. Si tu nombre está en un menú francés, pues, tienes mucho valor. Es un gran honor estar en un menú francés.

Mira lo que pasa con las ranas y los sapos. En un menú francés hay patas de rana. No hay patas de sapo. ¿Quién quiere comer sapo? Nadie. Las ranas tienen más valor que los sapos. Y es igual con los caracoles y los babosos. Ellos tienen más valor que nosotros. ¿Quién quiere comer baboso? Y todos sabemos que los franceses son los reyes de la cocina.

Preguntas

¿Qué quiere ser Bobbi? Según él, ¿por qué tienen los caracoles "mas prestigio"? ¿Qué otro animal tiene prestigio según Bobbi?

Ahora que lo pienso bien, ser caracol tiene una gran desventaja. Si estás en un menú francés quiere decir que te pueden comer. Los caracoles son comida. Como las vacas y los pollos. Como las ranas. Como los puercos. Yo no quiero ser comida. No quiero ser el "plato del día" de nadie.

Bueno. Quizás no es tan malo ser baboso. Mejor ser baboso y estar vivo que ser caracol y ser el plato del día. Sí, sí. La vida de un baboso no es tan mala. Comemos. Tomamos sol. Y hacemos más babosos. Es una vida bonita. . .

ACTIVIDAD   Un párrafo

Con otra persona, pon las siguientes oraciones en un orden lógico para formar un párrafo coherente.

- ¿Por qué?
- Bobbi es un baboso.
- Como dice Bobbi, ¡hay caracol en los menus franceses y no baboso!
- Decide que no quiere ser el "plato del día" de nadie.
- Lleva una vida buena.
- Pero al final, Bobbi piensa que no es buena idea ser caracol.
- Pero no está muy contento.
- Porque los caracoles tienen más prestigio que los babosos.
- Quiere ser caracol.

Ahora. . .

Sigue las instrucciones del profesor/de la profesora.

ACTIVIDAD   Quiero ser caracol

Paso 1 Con otra persona decide qué tiene "más prestigio" o "más valor." No tienes que explicar tu decisión en este momento.

1. a. Ser dentista tiene más prestigio que ser veterinario.
    b. Ser veterinario tiene más prestigio que ser dentista.

2. a. Ser profesor tiene más prestigio que ser abogado.
    b. Ser abogado tiene más prestigio que ser profesor.

3. a. Tener un BMW tiene más prestigio que tener un Volkswagon.
    b. Tener un Volkswagon tiene más prestigio que tener un BMW.

4. a. Ser francés tiene más prestigio que ser alemán.
    b. Ser alemán tiene más prestigio que ser francés.

5. a. Ser águila tiene más prestigio que ser cóndor.
    b. Ser cóndor tiene más prestigio que ser águila.

Paso 2 Comparte tus ideas con la clase.

MODELO   Tanya y yo decimos que ser dentista tiene más prestigio que ser veterinario. Yo digo que ser profesor tiene más prestigio que ser abogado, pero Tanya dice que ser abogado tiene más prestigio.

Paso 3 A base de lo que dice la clase en el Paso 2, ¿hay acuerdo general? ¿Hay muchas discrepancias?

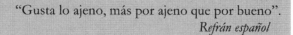

Ideas finales

"Gusta lo ajeno, más por ajeno que por bueno".
Refrán español

"El prestigio es la sombra del dinero y del poder".
C. Wright Mills

"No hay pasión más fuerte en el ser humano que la envidia".

Richard Brinsley Sheridan

MIS PROPIAS IDEAS

Escribe aquí tus ideas sobre el tema de hoy.

_____

_____

_____

_____

_____

_____

_____

_____

_____

_____

_____

_____

_____

_____

_____

_____

_____

_____

_____

_____

_____

_____

TERCER CUENTO

TENGO MIEDO

¿A qué tienes miedo?

Vocabulario clave

daño	*harm*
me sigue	*is following me*
me vigila	*is watching me*
peligro	*danger*
siento	*I feel*
tener cuidado	*to be careful (have care)*
tengo miedo	*I'm afraid (I have fear)*

E stoy nervioso. No. No estoy nervioso. *Tengo miedo.* Sí, tengo miedo. Alguien me sigue. No sé quién es. No sé por qué me sigue. Pero estoy seguro. Alguien me sigue.

¿Quién es? ¿Qué quiere? ¿Por qué me sigue? Mi mamá siempre me dice que es importante tener cuidado. Dice que hay peligro en el mundo. Nunca explica qué tipo de peligro. Solo me dice ella que es necesario tener cuidado.

"Cuando sales", me dice, "tienes que estar siempre alerta".

Y así es. Siempre estoy alerta.

Preguntas

¿Cómo está el protagonista? ¿Quién le dice que es necesario tender cuidado y estar alerta? ¿Sabemos cómo se llama o quién es el protagonista?

Pero hoy no es un día para tener mucho cuidado. Hace mucho sol. El cielo está bien azul y la temperatura es perfecta. Además, es mi cumpleaños. Cumplo doce años. Todos me dicen que ya soy adulto. Pero no sé. Muchas veces me parece que todavía soy niño. Que tengo mucho que aprender. Y con un día tan bonito como este, quiero ser niño. Quiero jugar. Quiero tomar sol. No quiero preocupaciones.

Igual, siento la presencia de alguien, alguien que me sigue. Alguien que me vigila. No lo veo. Pero siento su presencia. Sé que está cerca. Y creo que quiere hacerme daño.

Preguntas

¿Cómo está el día? ¿Por qué es especial este día? ¿Qué quiere hacer el protagonista?

Mi nombre es Namatutu. Pero todos me dicen "Tutu". Mi mamá se llama Nomasa y mi papá se llama Umatu. Él es el líder de nuestro grupo. Todos lo respetan. Algún día yo quiero ser líder de un grupo también. Pero depende. Tengo que probar mi valor y mi habilidad. Hay otros que también quieren ser líderes. Así es entre los gorilas de la montaña. Es necesario probar el valor y la habilidad.

Siento la presencia de alguien. Alguien peligroso. Estoy seguro que quiere hacerme daño. Mi mamá tiene razón. Es necesario estar muy alerta.

Tengo miedo.

 # ACTIVIDAD Un párrafo

Con otra persona, pon las siguientes oraciones en un orden lógico para formar un párrafo coherente.

- Dice que tiene miedo.
- Namatutu es un gorila de la montaña.
- No sabe quién es.
- Pero cree que esta persona lo sigue.
- También cree que la persona es peligrosa. Por eso, está alerta.
- Tiene miedo porque siente la presencia de alguien.
- Todos le dicen "Tutu".

Ahora. . .

Sigue las instrucciones del profesor/de la profesora.

ACTIVIDAD Tengo miedo

Paso 1 La mamá del protagonista le dice que es necesario estar alerta porque el mundo es peligroso ¿Es siempre verdad? Coloca las siguientes situaciones o lugares en una de las categorías a continuación.

caminar en el barrio donde vivo   tomar el autobús en esta ciudad
manejar un auto en esta ciudad   visitar España
montar bicicleta donde vivo   visitar México
salir con alguien que solo conoces en línea   visitar Nueva York

NO ES MUY PELIGROSO Y NO ES NECESARIO ESTAR MUY ALERTA	ES UN POCO PELIGROSO PERO NO ES NECESARIO ESTAR MUY ALERTA	ES PELIGROSO Y ES NECESARIO ESTAR MUY ALERTA

Paso 2 Comparte tus ideas del Paso 1 con otra persona. ¿Tienen las mismas ideas? Anota dónde están de acuerdo y dónde no están de acuerdo.

MODELO   ¿Qué dices tú para "caminar en el barrio donde vivo"?
¿Y qué dices para "visitar Nueva York"?

Paso 3 Sigue las instrucciones del profesor/de la profesora.

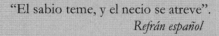

Ideas finales

"El sabio teme, y el necio se atreve".
Refrán español

"La valentía es el miedo esperando un minuto más".
George S. Patton

"Temo el abuso del poder y el poder de abusar".
Isabel Allende

MIS PROPIAS IDEAS

Escribe aquí tus ideas sobre el tema de hoy.

_____

_____

_____

_____

_____

_____

_____

_____

_____

_____

_____

_____

_____

_____

_____

_____

_____

_____

_____

_____

_____

Cuarto cuento

Sueño con otra vida

¿Con qué sueñas?

Vocabulario clave

cada vez	*each time*
cuida	*takes care (of)*
emocionante	*exciting*
quedarse	*to stay*
siglo	*century*
sueño con	*I dream about*

Tengo un libro que se llama *The Fun of It*. La escritora es la famosa piloto Amelia Earhart. Cada vez que leo un capítulo, sueño con ser una piloto que viaja por todo el mundo. Earhart es mi heroína. ¡Qué mujer y qué vida! Los lugares que ella visitó. Las cosas que vio.

Mi nombre es Gloria. Gloria Trujillo. Tengo 17 años y vivo en un pueblo pequeño en Nuevo México. El pueblo se llama Truchas. Es verdaderamente pequeño, de unas 400 personas. No pasa nada aquí. Los días son todos iguales. La vida es aburrida y poco interesante. Si te gusta la tranquilidad, Truchas es un lugar ideal. Pero yo no quiero una vida aburrida. Quiero una vida emocionante, llena de acción y aventura.

Quiero vivir como Amelia Earhart.

Preguntas

¿Cómo se llama la protagonista del cuento? ¿Cuántos años tiene? ¿Qué tipo de vida quiere?

Soy la única hija en la familia. Mis tres hermanos están contentos de quedarse aquí en Truchas. Pero yo no. Mis padres no me comprenden. No comprenden mis deseos.

"¿Por qué quieres salir de Truchas?", pregunta mi mamá. "Aquí la vida es bonita. Generaciones de Trujillo llaman este lugar su casa".

Veo a mi mamá y veo a una mujer sin ambición. Solo trabaja en la casa. Cuida a la familia. No quiero ser como ella. Bueno, lo que quiero decir es que quiero otra vida. Mi mamá es muy buena persona, muy cariñosa. Por supuesto la respeto. Pero creo que tengo otro destino. No. *Sé* que tengo otro destino. Allá, en el mundo. Como Amelia Earhart.

Preguntas

¿Qué sabes de la familia de la protagonista? ¿Qué dice ella sobre su mamá?

Hay una mujer que se llama Elena Oliver. Es mi amiga, aunque ella es mucho mayor. Es artista. Dice que Truchas es un buen lugar para los artistas.

"Los artistas buscan la tranquilidad", me dice. "Mira a Georgia O'Keefe. Abandonó Nueva York para vivir en un rancho en Abiquiu".

"Pero yo no soy artista", le contesto. "Quiero ser piloto. Quiero viajar por el mundo".

"Entonces", dice Elena. "Vas a ser piloto. Puedes hacer lo que quieras en la vida".

Sí. Puedo hacer lo que quiero. No sé cómo lo voy a hacer pero lo voy a hacer. Quiero ser piloto. Quiero ser la Amelia Earhart de este siglo. . .

ACTIVIDAD   Un párrafo

Con otra persona, pon las siguientes oraciones en un orden lógico para formar un párrafo coherente.

- Así puede visitar muchos lugares diferentes y conocer el mundo.
- Gloria Trujillo es una chica de 17 años.
- No entienden por qué ella quiere dejar su pueblo y dejar a su familia.
- Pero sus padres no entienden.
- Quiere ser piloto—una piloto como Amerlia Earhart.
- Tiene un sueño.
- Vive en un pueblo pequeño en Nuevo México.

Ahora. . .

Sigue las instrucciones del profesor/de la profesora.

Paso 1 Indica si la oración se te aplica o no.

	Sí, se me aplica.	No se me aplica.
1. Soy de un pueblo pequeño.	❑	❑
2. Mis padres no comprenden mis sueños.	❑	❑
3. Sueño con tener una vida llena de acción y aventura.	❑	❑
4. Quiero viajar mucho y visitar lugares diferentes.	❑	❑
5. No quiero tener la misma vida que mis padres.	❑	❑

Paso 2 Con otra persona, comparen sus respuestas. Después decidan dónde están ustedes en la siguiente escala.

Soy mucho como Gloria   No soy nada como Gloria

◯ 5   ◯ 4   ◯ 3   ◯ 2   ◯ 1

MODELO   ¿Eres de un pueblo pequeño?
¿Comprenden tus padres tus sueños?
¿Sueñas con tener una vida llena de acción, de aventura?
¿Quieres viajar mucho y visitar lugares diferentes?
¿Quieres tener la misma vida que tus padres?

Paso 3 Sigue las instrucciones del profesor/de la profesora.

Ideas finales

"Cada dueño tiene su sueño".
Refrán español

"El sueño es el alivio de las miserias para los que las sufren despiertos".

Miguel de Cervantes

"Soñar es una forma de planificación".
Gloria Steinem

MIS PROPIAS IDEAS

Escribe aquí tus ideas sobre el tema de hoy.

_____

_____

_____

_____

_____

_____

_____

_____

_____

_____

_____

_____

_____

_____

_____

_____

_____

_____

_____

_____

_____

Quinto cuento

Por si acaso

¿Quién es tu mejor amigo?

Vocabulario clave

acariciaba	*petted*
amenazó	*threatened*
camión	*bus (Mx.)*
esconderse	*to hide (oneself)*
gritan and tiran	*they scream and throw*
haría	*would do*
ladrar	*bark (arf arf)*
por si acaso	*just in case*
se pelean	*they fight*
temblaba	*he shook*

Hola. Soy Paquito. Tengo tres años y vivo con una familia de tres personas en Lubbock, Texas. Juan Grande y Luisa son los padres. Juan Pequeño es el hijo. Tiene ocho años. Juan es hijo único. No tiene hermanos. Pero no importa. Yo soy su mejor amigo. Paso todo el tiempo con él, es decir, cuando Juan no está en la escuela. Durante la semana a las tres de la tarde, lo espero a la puerta de la casa. Esa es la hora cuando el autobús de la escuela lo deja en frente de la casa. Cuando oigo el autobús, empiezo a ladrar porque siempre me da mucha alegría ver a Juan en la tarde.

Preguntas

¿Quién es el narrador y con quién vive? ¿Quién es su mejor amigo?

Llevo un poco más de dos años con Juan. Él me necesita. Sus padres tienen problemas. Se pelean mucho. Gritan y tiran cosas. Una vez, cuando Juan Grande estaba borracho—y está borracho mucho—pegó a Luisa. Luego la amenazó con una pistola. Pobre de Juan Pequeño. Vio la escena y corrió a su cuarto para esconderse en el closet. Yo le seguí y me escondí con él. Él temblaba y temblaba. Intenté calmarlo, dándole besitos. Son ocasiones como estas cuando me gustaría poder hablar. Le diría a Juan Pequeño, "No llores. Yo soy tu amigo. Yo siempre seré tu amigo y siempre te protegeré".

Preguntas

Según Paquito, ¿tienen buenas relaciones los padres de Juan Pequeño? ¿Qué no puede hacer Paquito que le gustaría hacer?

Juan no sabe que entiendo lo que dice. Esta noche en la cama dijo, "Sabes, Paquito. Me gustaría escapar. Me gustaría irme de aquí. ¿Crees que sería posible?" Me acariciaba la oreja cuando me hablaba. Quiero decirle que sí que creo que es posible. Su abuela es muy simpática y creo que entiende la situación en esta casa. Podríamos vivir con ella. Yo soy un perro pero entiendo muchas cosas del mundo humano. Por ejemplo, la abuela puede pedir custodia de Juan Pequeño. Pero hasta entonces, Juan Pequeño y yo tenemos que esperar.

Oh oh. Oigo ruidos en el living. Parece que Juan Grande y Luisa se están peleando. Juan Pequeño los escucha. Luego me abraza y me dice, "No sé qué haría sin ti, Paquito". Cierra los ojos y veo que intenta dormirse. Yo me quedo a su lado por si acaso no puede dormir. . .

ACTIVIDAD Un párrafo

Con otra persona, pon las siguientes oraciones en un orden lógico para formar un párrafo coherente.

- ¿Qué piensas tú?
- Paquito es el mejor amigo del chico.
- Paquito es un perro.
- Paquito piensa que es buena idea vivir con la abuela.
- Pero más importante, Paquito calma a Juan cuando sus padres se pelean.
- Todos los días lo espera a la puerta de la casa cuando Juan Pequeño llega de la escuela.
- Vive con un chico que se llama Juan—Juan Pequeño.
- Y parece que se pelean mucho.

Ahora. . .

Sigue las instrucciones del profesor/de la profesora.

ACTIVIDAD Por si acaso

Paso 1 Como sabes, Paquito dice que es el mejor amigo de Juan Pequeño. Pero, ¿en qué consiste ser el mejor amigo de alguien? Decide cuál de las siguientes características es la más importante para ser un mejor amigo. ¡Solo puedes escoger una!

Un mejor amigo. . .

❑ escucha lo que dices sin juzgarte.

❑ siempre te apoya emocionalmente.

❑ te ayuda con algo sin vascilar.

❑ sabe cuáles son tus fallos pero no le importa.

❑ es alguien con quien puedes llorar sin vergüenza.

❑ se pelea contigo y al día siguiente se olvida de la pelea.

Paso 2 Compara tu respuesta con la de tres personas en la clase. Anota lo que dicen. ¿Tienen la misma idea?

MODELO ¿Qué dices tú? ¿Qué acción es la más importante para ser un mejor amigo?
Yo digo que un mejor amigo. . .

Paso 3 Sigue las instrucciones del profesor/de la profesora.

Ideas finales

"Amigo en la adversidad, es amigo de verdad".
Refrán española

"Un amigo leal vale diez mil parientes".
Eurípides

"Algunos acuden a los sacerdotes. Otros acuden
a la poesía. Yo acudo a mis amigos".
Virginia Woolf

MIS PROPIAS IDEAS

Escribe aquí tus ideas sobre el tema de hoy.

_____

_____

_____

_____

_____

_____

_____

_____

_____

_____

_____

_____

_____

_____

_____

_____

_____

_____

_____

_____

_____

Respuestas

El secreto   Un párrafo

Tomás tiene un secreto. Pero no lo quiere revelar. Sus padres no saben su secreto. Tampoco lo saben su hermano y su amigo. ¿Qué va a hacer Tomás? Es evidente que tiene miedo y probablemente va a esperar.

Quiero ser caracol   Un párrafo

Bobbi es un baboso. Lleva una vida buena. Pero no está muy contento. Quiere ser caracol. ¿Por qué? Porque los caracoles tienen más prestigio que los babosos. Como dice Bobbi, ¡hay caracol en los menus franceses y no baboso! Pero al final, Bobbi piensa que no es buena idea ser caracol. Decide que no quiere ser el "plato del día" de nadie.

Tengo miedo   Un párrafo

Namatutu es un gorila de la montaña. Todos le dicen "Tutu". Dice que tiene miedo. Tiene miedo porque siente la presencia de alguien. No sabe quién es. Pero cree que esta persona lo sigue. También cree que la persona es peligrosa. Por eso, está alerta.

Sueño con otra vida   Un párrafo

Gloria Trujillo es una chica de 17 años. Vive en un pueblo pequeño en Nuevo México. Tiene un sueño. Quiere ser piloto—una piloto como Amerlia Earhart. Así puede visitar muchos lugares diferentes y conocer el mundo. Pero sus padres no entienden. No entienden por qué ella quiere dejar su pueblo y dejar a su familia.

Por si acaso   Un párrafo

Paquito es un perro. Vive con un chico que se llama Juan—Juan Pequeño. Paquito es el mejor amigo del chico. Todos los días lo espera a la puerta de la casa cuando Juan Pequeño llega de la escuela. Pero más importante, Paquito calma a Juan cuando sus padres se pelean. Y parece que se pelean mucho. Paquito piensa que es buena idea vivir con la abuela. ¿Qué piensas tú?

Now available!

CUENTOS CORTOS VOL. 2

Five more flash-fiction stories with activities and tasks for novice and intermediate levels.

TABLE OF CONTENTS